La lumière du papier

Dans l'œuvre de Pierre Soulages, amplement exposé depuis de nombreuses décennies, les peintures sur papier ont constitué longtemps un domaine plus confidentiel. Bien que les grandes rétrospectives du peintre leur aient fait une place, parfois en abondance, les commentaires ont toujours privilégié les peintures sur toile, nombreuses de grand format et représentant la synthèse de cette lumière du noir chère à l'artiste depuis ses débuts. Ce dernier s'est au reste le plus souvent exprimé à leur propos, beaucoup moins au sujet des œuvres sur papier, et tout particulièrement lorsqu'il a abordé cette phase nouvelle à partir de 1979, dénommée par lui *outrenoir*. Dès lors qu'il avait choisi de restreindre sa palette à un unique pigment noir et d'y faire surgir des reflets lumineux issus de la matière picturale, le support du papier ne pouvait plus répondre à son mode d'expression, qui nécessitait d'intervenir dans l'épaisseur de la pâte. De fait, les peintures sur papier ne couvrent pas la totalité de la production de Soulages, celui-ci utilisant, certes, le papier régulièrement, avec des années d'intense création et d'autres au contraire d'interruption, mais pas au-delà de 2004, alors qu'il travaillera encore près de vingt années. Par ailleurs l'œuvre peint sur papier n'a que rarement fait l'objet d'expositions en tant que tel et a plus rarement encore été étudié, même si les propos de l'artiste comme ceux des commentateurs valent la plupart du temps pour sa démarche en général. Les peintures sur papier constituent ainsi un œuvre autonome, relativement méconnu et pourtant étroitement lié avec l'ensemble de l'œuvre peint,

Guy Bourdin, *Portrait de Pierre Soulages dans son atelier, 11 bis, rue Victor-Schoelcher, Paris*, 1953
Pages précédentes : *Brou de noix et huile sur papier marouflé sur toile 74 × 47,5 cm, 1947* (détail)

en dialogue et parfois en correspondance directe avec les peintures sur toile. Ce corpus de plusieurs centaines d'œuvres, peut-être un millier, ne saurait en tout cas être négligé pour appréhender dans son entier le parcours pictural de Soulages.

LE PAPIER, ESPACE DE LIBERTÉ

Ce dernier a rétrospectivement mis en avant les premières œuvres sur papier, allant jusqu'à laisser entendre que celles-ci étaient plus abouties que les huiles des mêmes années et qu'elles constituaient le véritable point de départ de son œuvre. C'est en tout cas sur papier qu'il rencontre une liberté de facture qui fait encore défaut à ses premières toiles. Dans une belle formule, Soulages a déclaré à Pierre Encrevé que c'est avec ses premiers brous de noix sur papier qu'il a pu « se rassembler et obéir à une sorte d'impératif intérieur ». Se disant contraint par l'huile, les exigences du travail, la mise sur châssis, le temps d'application et de séchage, il trouve avec le papier un mode d'intervention rapide et direct. Le repentir en est exclu et l'économie du support employé permet sans restriction de déchirer la feuille si besoin et de recommencer. C'est là une démarche qui convient au très jeune peintre de vingt-six ans ayant tout juste rejoint la capitale après les années d'empêchement de l'Occupation et qui lui permet d'aborder la voie qu'il ressent comme essentielle.

L'IMPORTANCE DES SUPPORTS ET L'IMPACT DES OUTILS

Bien entendu il ne s'agit pas d'isoler l'œuvre sur papier de Soulages, mais au contraire de le relier à l'ensemble de sa pratique. Quel que soit le matériau qu'il emploie, ce peintre lui accorde une attention extrême. Il est également très attentif au choix de ses outils, qu'il fabrique souvent lui-même, refusant de se plier aux usuelles conventions. Lorsqu'il entreprendra de concevoir des vitraux pour l'abbatiale Sainte-Foy de Conques, lieu de la « révélation » pour l'adolescent qui, en la visitant, comprend que dorénavant son chemin de vie sera la peinture, il s'y consacre pleinement plusieurs années, interrompant pour un temps le reste de ses travaux. La mise au point d'un verre translucide lui demandera de longs essais avant qu'il ne soit enfin satisfait par le résultat. Pareillement, lorsqu'il commence la gravure à l'eau forte il découvre une méthode où la plaque de cuivre est attaquée et déchirée par l'acide, en devenant une composante au même titre que l'intervention du peintre sur sa surface. Soulages invente ses propres règles sans se plier à celles qui sont déjà instituées. Il est toujours en quête d'inconnu, « d'aventure » comme il aime à dire.

Travaillant sur papier, il adopte des brosses larges ou des couteaux pour étaler la matière. Il joue des transparences du brou de noix plus ou moins dilué ou des lavis lorsqu'il emploie l'encre de Chine. Soulages ne dessine pas, il peint, quel que soit le médium qu'il utilise. Si l'on peut qualifier de « dessins » les tout premiers fusains qu'il réalise dès son arrivée à Courbevoie, en mars 1946, avec leurs entrecroisements de lignes dans une structure géométrique, très vite la recherche d'une picturalité l'emporte. Cette aspiration à confondre le trait, la forme et l'espace qui la contient est probablement innée chez Soulages. En témoigne comment, enfant, il inscrivait des traits d'encre noire sur le papier blanc pour représenter, disait-il, un paysage de neige, ou aussi, lorsque, pour répondre à la demande de son maître d'école, qui en reste stupéfait, il figure une machine à vapeur en inscrivant au tableau de larges bandes de craie interrompues par des lignes tracées au doigt mouillé pour évoquer le tiroir des pistons. On peut voir dans ces anecdotes une tendance précoce à se défier de toute transcription directe de la réalité, à préférer le trait à l'image. Il fera d'ailleurs souvent allusion à ce lavis de Rembrandt qu'il découvre dans un manuel scolaire et dont il aime dissimuler la tête avec sa main pour mieux apprécier le réseau des coups de pinceau. Si Soulages n'apprécie pas le terme d'abstraction, c'est sans doute parce qu'il se garde de toute terminologie réductrice qui chercherait à absorber des démarches – la sienne notamment – dans lesquelles il ne se reconnaît pas. Il n'en reste pas moins que dès le départ il va rejeter toute illusion de représentation, un besoin dit-il « d'intensité picturale ». Jamais il n'en viendra à une quelconque figuration, contrairement à beaucoup de peintres abstraits qui oscilleront entre les deux genres.

LE CHOIX DE L'ABSTRACTION

Pas plus n'entre-t-il dans un de ces courants qui rassemblent les artistes non figuratifs et prolifèrent à ses débuts. Les querelles d'écoles ne manquent pas entre abstraction froide faisant appel à des schémas géométriques rigoureux associés à un vocabulaire graphique prédéterminé et abstraction chaude, peinture d'action lyrique et spontanée intervenant sur la surface avec véhémence. Si, comme dans tout acte de peinture, une œuvre de Soulages est issue d'un geste, celui-ci est contrôlé, ralenti, et n'exprime en rien une humeur ou un moment d'exaltation.

Brou de noix sur papier marouflé sur toile 32,8 × 21,5 cm, 1947

LA LOI DES CONTRASTES

Les premiers brous de noix, des années 1946-1948, ouvrent la voie. Fondés sur le contraste entre une couleur noire ou s'en approchant et le blanc ou l'ocre du papier, ces « signes sans signification » attestent une audace formelle et colorée qui se distingue de la plupart des courants de l'époque. Soulages adopte un matériau employé par les artisans, lui qui a grandi dans un milieu où la relation aux matières comme aux outils était au cœur du travail. Il apprécie ces tonalités sombres et chaudes, cette luminosité également, en travaillant les nuances colorées du brou de noix. Il se sert d'outils de peintre en bâtiment, de couteaux, de lames, autant d'instruments qui le détournent de tout raffinement et accompagnent le caractère brut de son approche. L'épisode déterminant que constituera la sélection de ses brous de noix pour l'exposition itinérante de peinture abstraite française en Allemagne en 1948-1949 va être un véritable déclencheur. C'est une de ces œuvres qui est retenue pour l'affiche, laquelle sera vue dans les sept villes où circule l'exposition et jusqu'à New York, où elle est accrochée au The Club. Même si Soulages ne s'est pas déplacé en Allemagne pour l'occasion et n'en recevra que des témoignages ainsi qu'un exemplaire de l'affiche rapporté par son ami Hans Hartung, l'événement représentera un encouragement considérable. Sa place est désormais acquise. Il n'a pas encore trente ans.

Dans le catalogue de l'exposition, Soulages publie une sorte de manifeste, se montrant déjà remarquablement lucide sur sa pratique et dont il ne déviera jamais. Il y affirme : « Une peinture est un tout organisé, un ensemble de relations entre des formes (lignes, surfaces colorées...) sur lequel viennent se faire et se défaire les sens qu'on lui prête.

Le contenu de cet ensemble n'est pas un équivalent d'émotion, de sensation, il vit de lui-même. Ces relations entre les formes sont un transport des relations de l'univers à une autre signification. Dans ce qu'elle a d'essentiel la peinture est une humanisation du monde. » Autrement dit la peinture n'est pas porteuse d'un message prédéterminé, pas plus qu'elle n'est langage. Les sens qu'on lui prête dépendent des circonstances, des regardeurs. Et peinture abstraite ne signifie en rien rupture avec le monde extérieur.

EN DIALOGUE AVEC LES TOILES

Avec constance Soulages va poursuivre son œuvre, revenant régulièrement au papier comme un support lui permettant un changement d'échelle, de matériau, et une vitesse d'exécution impensable sur la toile ainsi qu'un autre rythme graphique. Les traits, traces ou masses colorées, sont concentrés dans l'espace de la feuille avec pour corollaire une monumentalité nouvelle en dépit de leurs dimensions restreintes. Les brous de noix des débuts voyaient des formes hiératiques dressées qui peu à peu s'épanchaient sur la surface pour voir dissoudre leur caractère de signes. Avec les encres des années 1960 qui leur font suite, Soulages atteint une picturalité à laquelle correspondent les peintures de grand format des mêmes années. De larges nappes noires en aplat, sans effet de matière, envahissent la surface. La subtilité des lavis, le jeu des transparences, la couleur arrachée ou repoussée sont les ingrédients d'une approche renouvelée. Pour la première fois en 1963, Soulages rassemble ses peintures sur papier dans une exposition, organisée par la galerie de France, qui rend possible un regard rétrospectif sur sa pratique depuis une quinzaine d'années, à commencer par les brous de noix, enfin révélés. La presse de l'époque témoigne de l'intérêt que suscite cet accrochage où, pour en citer quelques extraits, « une transparence encore inconnue », « la vigueur des cadences » et « le registre puissant et rigoureux » sont à l'œuvre.

C'est dans cette même galerie que Soulages réunira à nouveau, en 1977, ses récentes peintures sur papier, rares occasions de découvrir cet aspect de son travail. Alors que son œuvre est de plus en plus diffusé à travers le monde, Soulages poursuit régulièrement jusqu'en 2004 ses travaux sur papier, à l'encre ou à la gouache, exceptionnellement au fusain, revenant même au brou de noix au tournant de l'an 2000. Il s'y réinvente continuellement avec une remarquable diversité sans jamais se contenter d'une formule préétablie.

Encre sur papier 108 × 75 cm, 2003

1946,
les commencements

Soulages entame son parcours de peintre par le dessin. Après avoir envisagé, poussé par sa mère, de préparer le professorat de dessin et avoir même présenté le concours du prix de Rome à l'École des beaux-arts, il constate que l'enseignement de l'institution parisienne ne lui convient pas. Il s'inscrit en 1942 aux beaux-arts de Montpellier, où sont conservés des dessins académiques qu'il y a réalisés. Déjà il s'intéresse au passage de l'ombre à la lumière, au trait plus foncé qui marque cette frontière. Une élève le remarque, elle s'appelle Colette Llaurens. Elle deviendra son épouse pour les quatre-vingts prochaines années. La guerre terminée, la France libérée, Soulages – qui s'était retrouvé dans la clandestinité pour échapper au Service du travail obligatoire (STO) et avait dû interrompre ses premiers essais de peinture – s'installe à Courbevoie au printemps de 1946 puis à Paris à la fin de l'année suivante dans un nouvel atelier, à Montparnasse. D'emblée abstraites, ses premières œuvres exposées au Salon des Surindépendants puis aux Réalités nouvelles sont remarquées par d'autres artistes comme Francis Picabia ou Hans Hartung ou par des critiques et écrivains comme Michel Ragon ou Roger Vailland. Soulages peint une quinzaine de toiles en 1946-1947, néanmoins ce sont surtout des peintures sur papier qui constitueront le véritable début de son œuvre. Il commence par des fusains inscrits énergiquement sur la feuille. Mais ces lignes retraçant un mouvement le laissent vite insatisfait. Il va opter pour le brou de noix, une matière ordinaire servant aux menuisiers pour teindre le bois, qu'il travaille à larges traits.

Dépliant ▸
Fusain sur papier marouflé sur toile 61,5 × 46,5 cm, 1946
Fusain sur papier 39,3 × 39,3 cm, 1946

Fusain sur papier 86,7 × 67 cm, 1946

◂ **Dépliant**
Brou de noix sur papier marouflé sur toile 48,2 × 63,4 cm, 1946

Brou de noix

« Le brou de noix : j'aimais sa puissance de couleur, sombre et chaude, et j'aimais aussi que ce soit une matière banale et bon marché. » Dès 1946, Soulages, qui se sent contraint par son travail sur toile, se jette, comme il le dit, sur le papier. Il travaille au sol et apprécie cette matière naturelle qui lui permet de peindre rapidement sur des feuilles de papier faciles d'accès. Selon la manière dont la pâte est diluée et appliquée, il obtient de subtiles variations chromatiques, depuis des bruns légers jusqu'à des bruns presque noirs. La tonalité du brou lui offre naturellement des transparences et des opacités au moyen d'outils de peintre en bâtiment, des queues-de-morue en particulier, écrasant parfois la matière au couteau. L'ensemble des coups de brosse est organisé en une forme, une figure abstraite, qui se lit et se livre d'un seul coup sans décrire un geste. Les traits sont larges et affirmés (le critique Michel Ragon les qualifie de « poutres »), signes hiératiques au début dressés verticalement puis occupant progressivement l'espace de la feuille. Comme ce sera le cas tout au long de l'œuvre, la lumière est au cœur de la démarche, la couleur sombre éclairant le blanc du fond, forme et fond se situant par ailleurs sur un même plan. Les peintures au brou de noix resteront longtemps confidentielles mais dès que Soulages sera invité à de grandes expositions muséales, ces petites œuvres sur papier seront toujours mises en avant, signifiant par-là que le peintre les considère comme les véritables commencements de son œuvre.

Dépliant ▶
Brou de noix sur papier marouflé sur toile 63,8 × 48,5 cm, 1947
Brou de noix sur papier marouflé sur toile 65,3 × 47,3 cm, 1953